BESUCH BEI DEN CUTE PETS

FÜR MEINEN EHEMANN

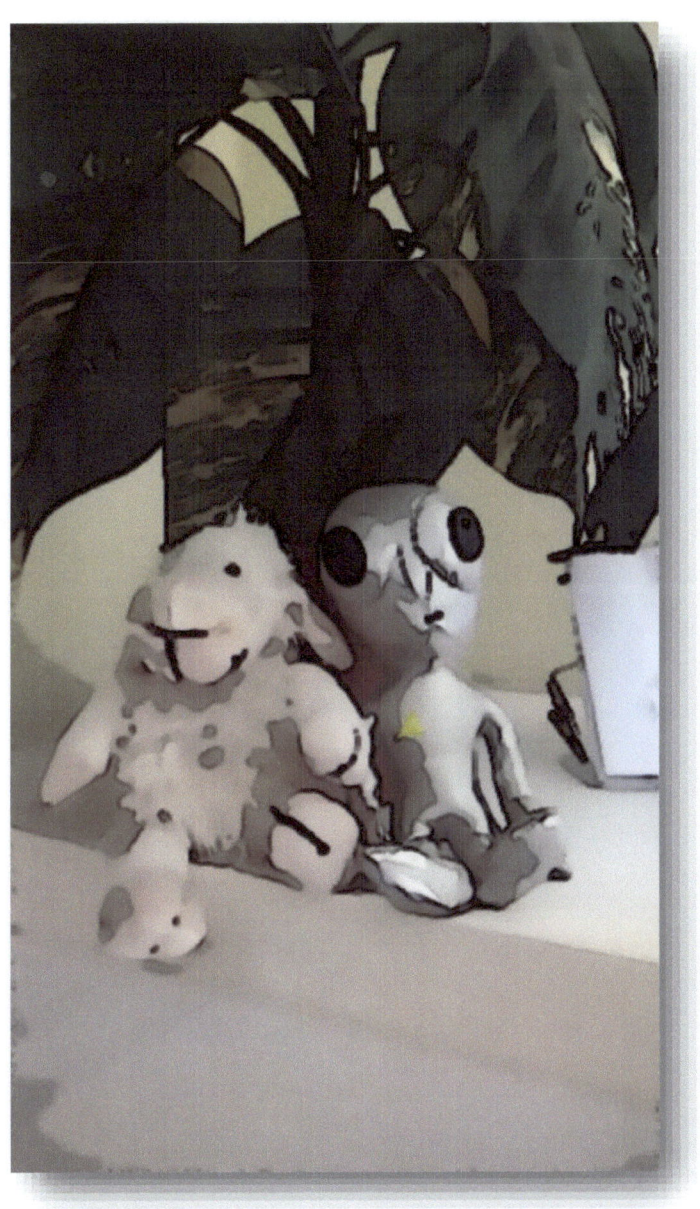

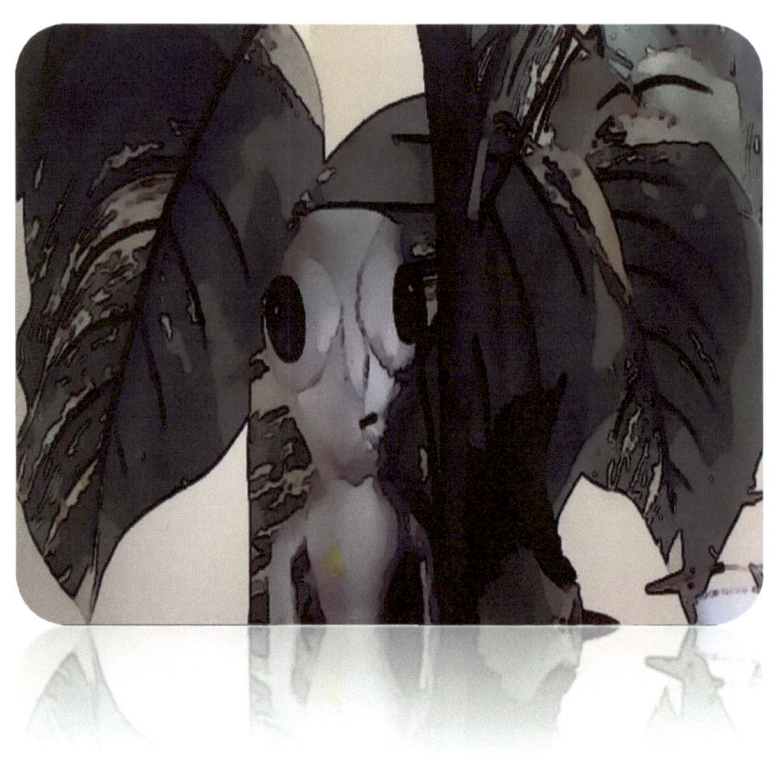

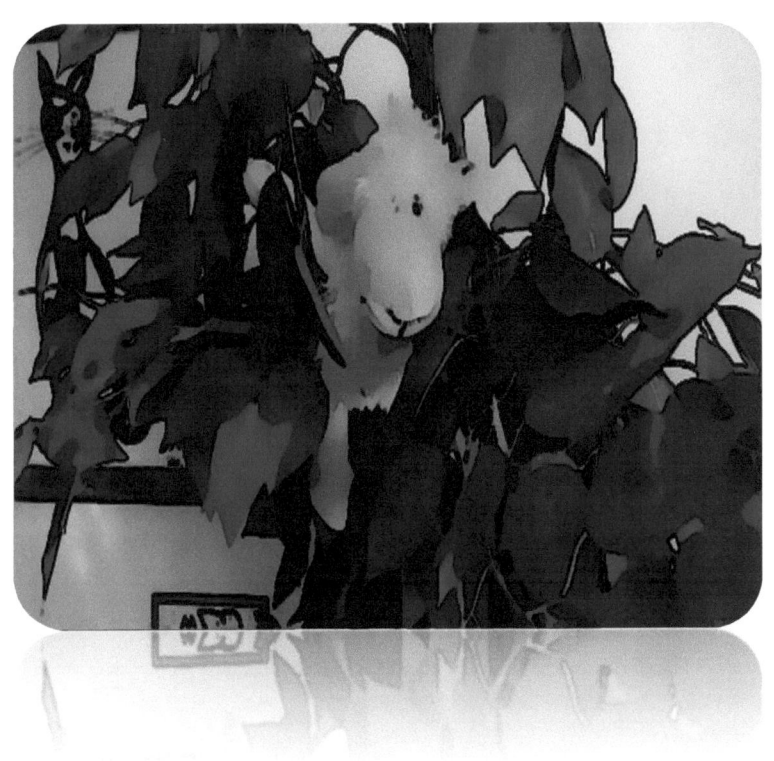

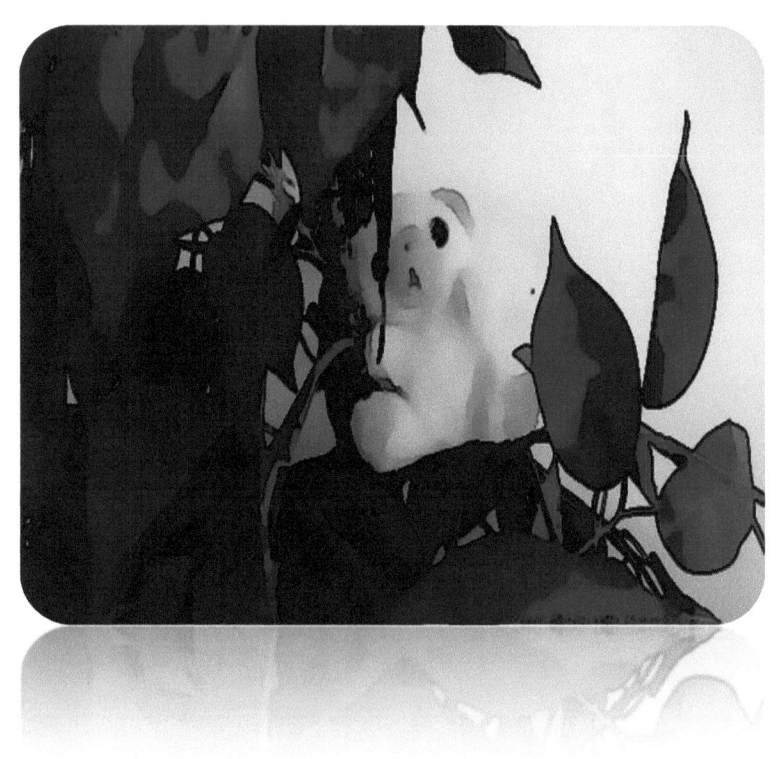

DIE CUTE PETS SIND ÜBERRASCHT

KITTY IST NORMAL DIEJENIGE, DIE DIE CUTE PETS ÜBERRASCHT. DOCH DIESESMAL KÜNDIGT SICH BESUCH VON ALIEN AN. DAS TELEFON HAT GEKLINGELT UND ALIEN HAT ALLEN FREUDESTRAHLEND ERZÄHLT, DASS SEINE BEIDEN FREUNDE ZU BESUCH KOMMEN. MÄHI BACKT EINEN KUCHEN UND DIE ANDEREN PUTZEN. SIE SIND GANZ

AUFGEREGT, NUR KITTY BLEIBT COOL. SIE HÖRT LAUT MUSIK UND RELAXT. KIRA HAT SICH ZU IHR GESELLT UND SO WARTEN SIE AUF DEN BESUCH, ENTSPANNT BEI LAUTER MUSIK.

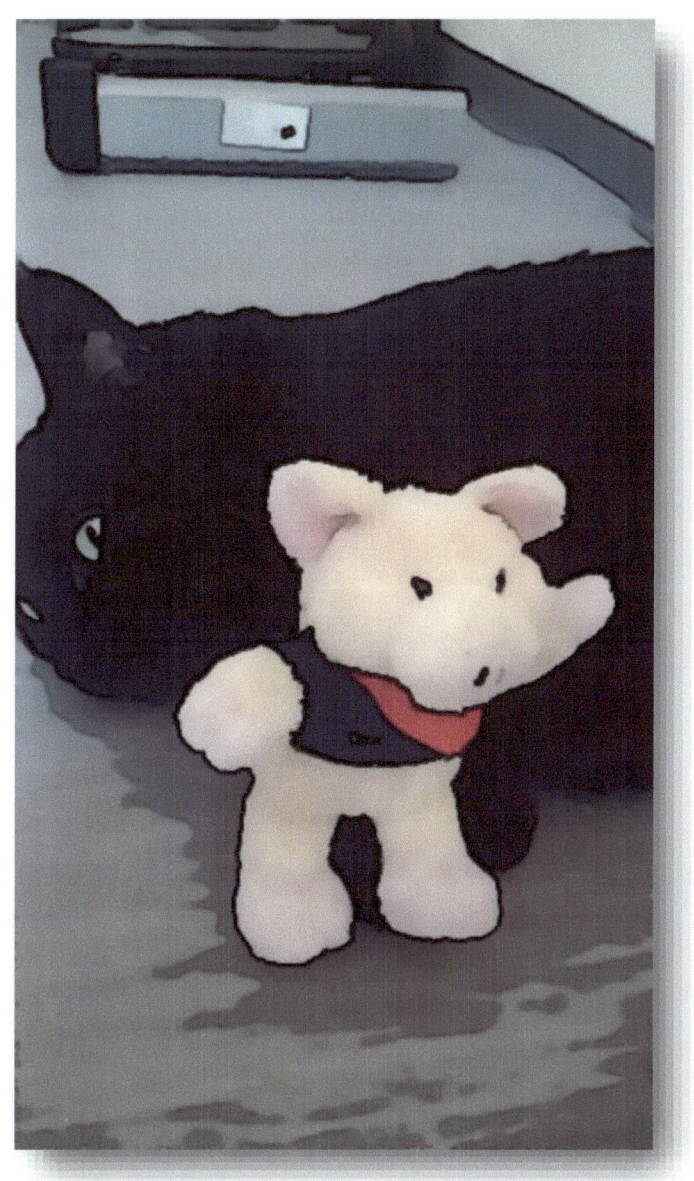

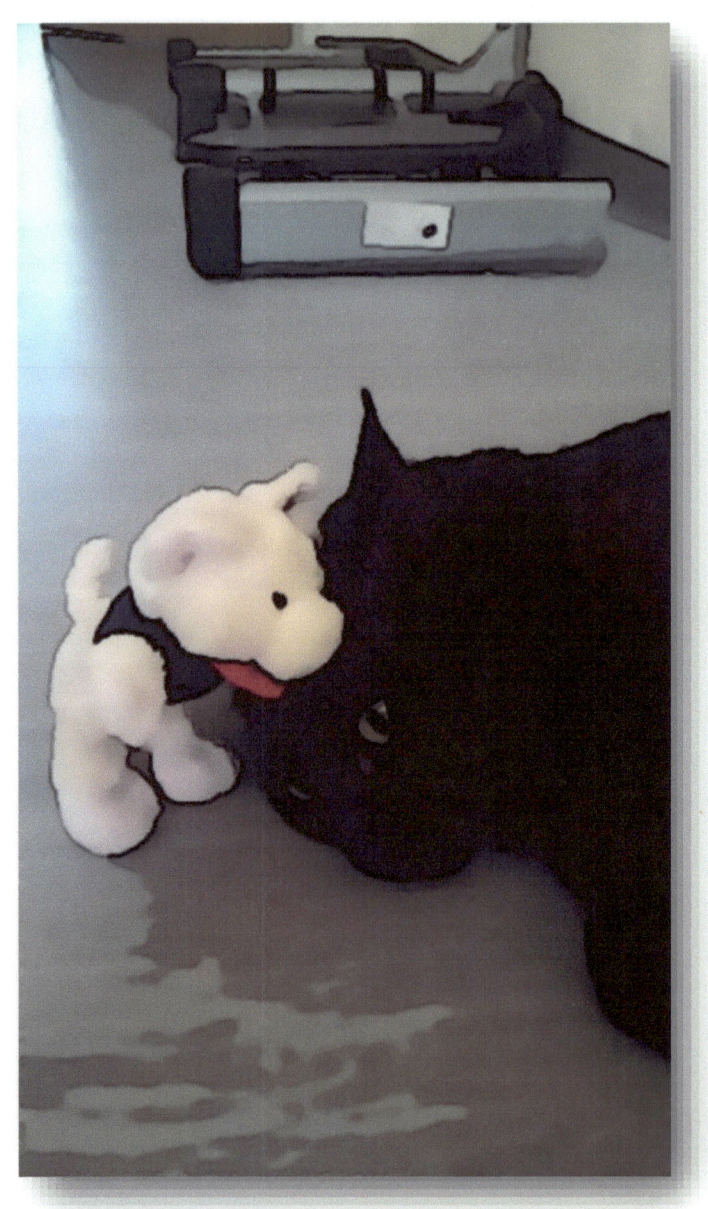

MAEHIS KUCHEN IST FERTIG, ER HAT NICHTS MEHR ZU TUN. KIRA GEHT ZU DEN ANDEREN UND DAS SCHÄFCHEN GENIESST DIE ZEIT BEI SEINER ALTEN FREUNDIN KITTY. DIE BEIDEN HABEN ZUSAMMEN EIN BUCH GESCHRIEBEN, ER HAT KITTY SEINE GANZE BIOGRAPHIE ERZÄHLT. SIE SIND ALTE FREUNDE.

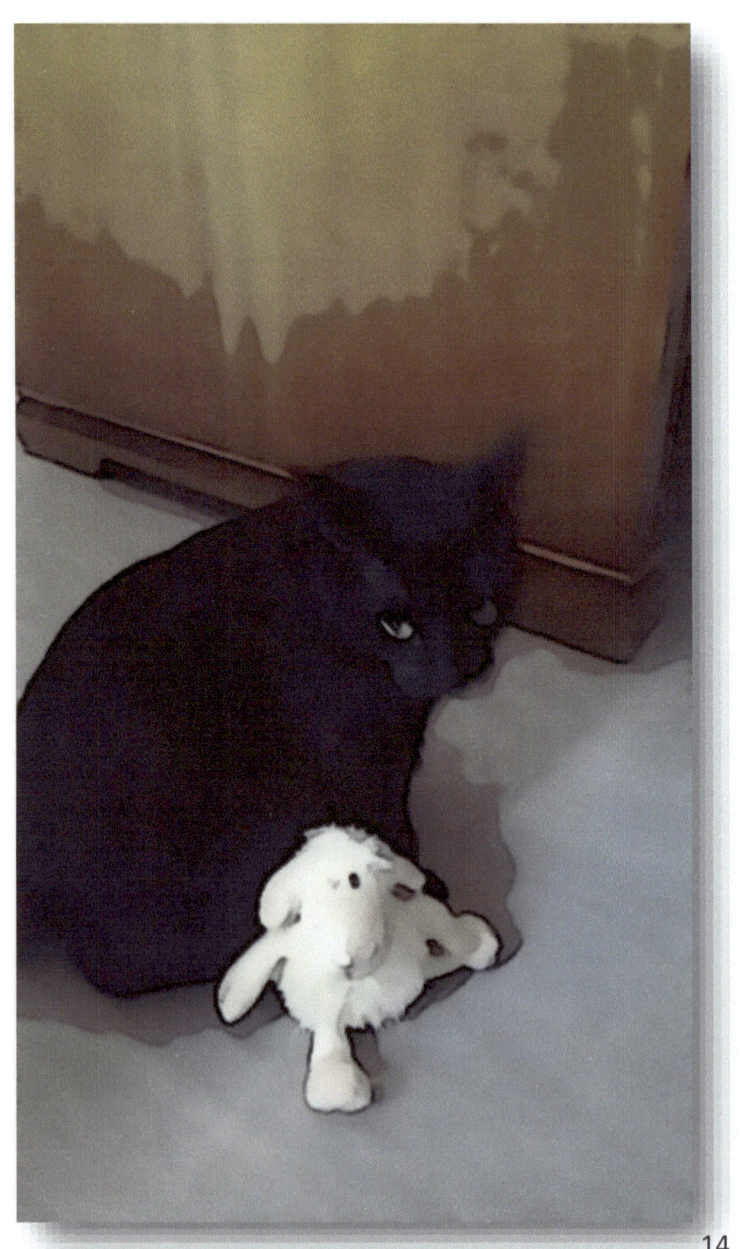

BESUCH IST DA

DER BESUCH IST DA UND ALLE TRINKEN   HEISSE SCHOKOLADE UND GENIESSEN MAEHIS KUCHEN.

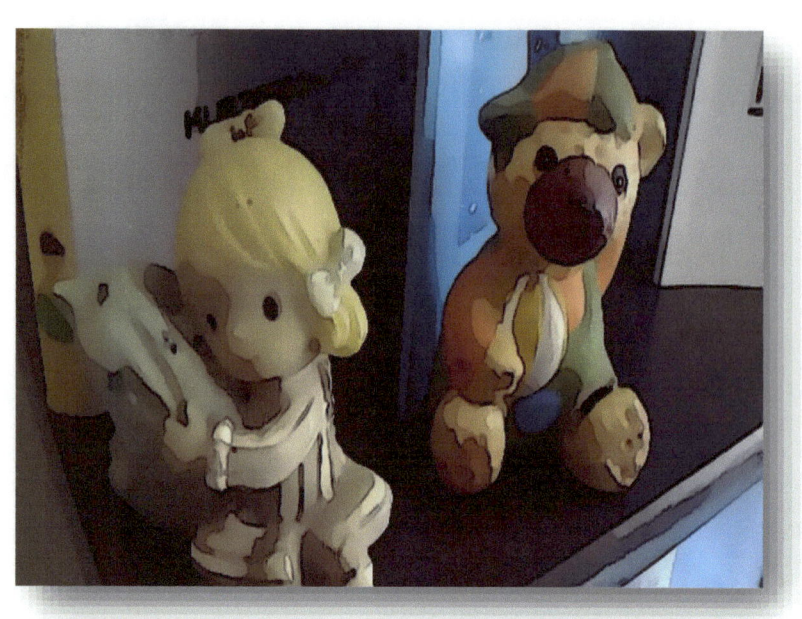

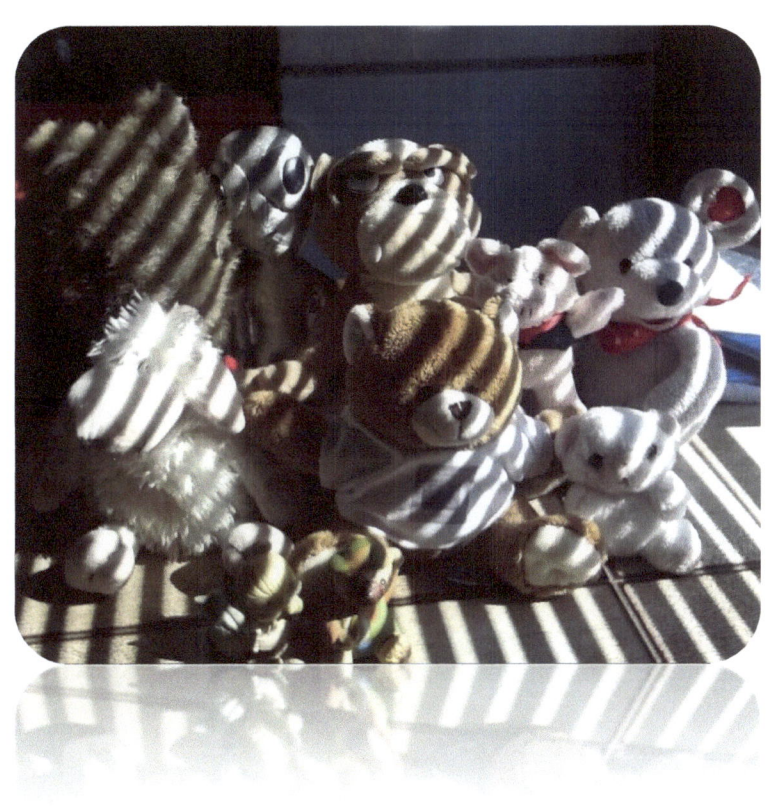

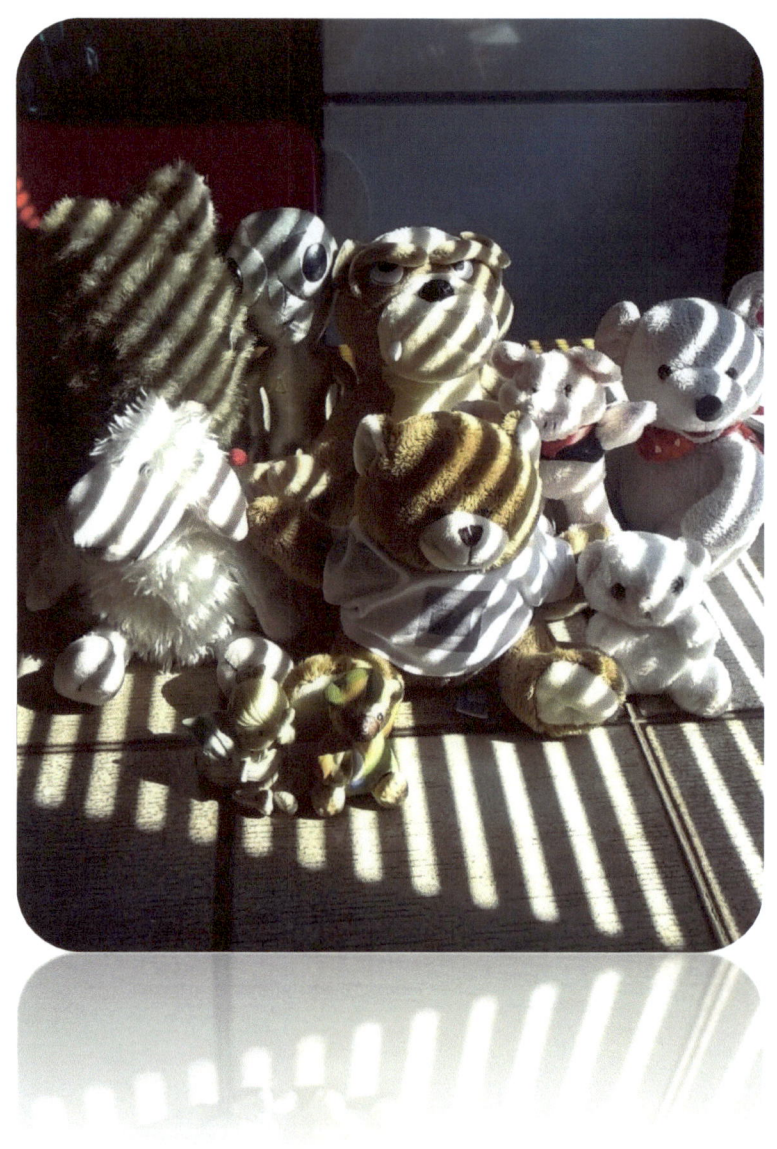

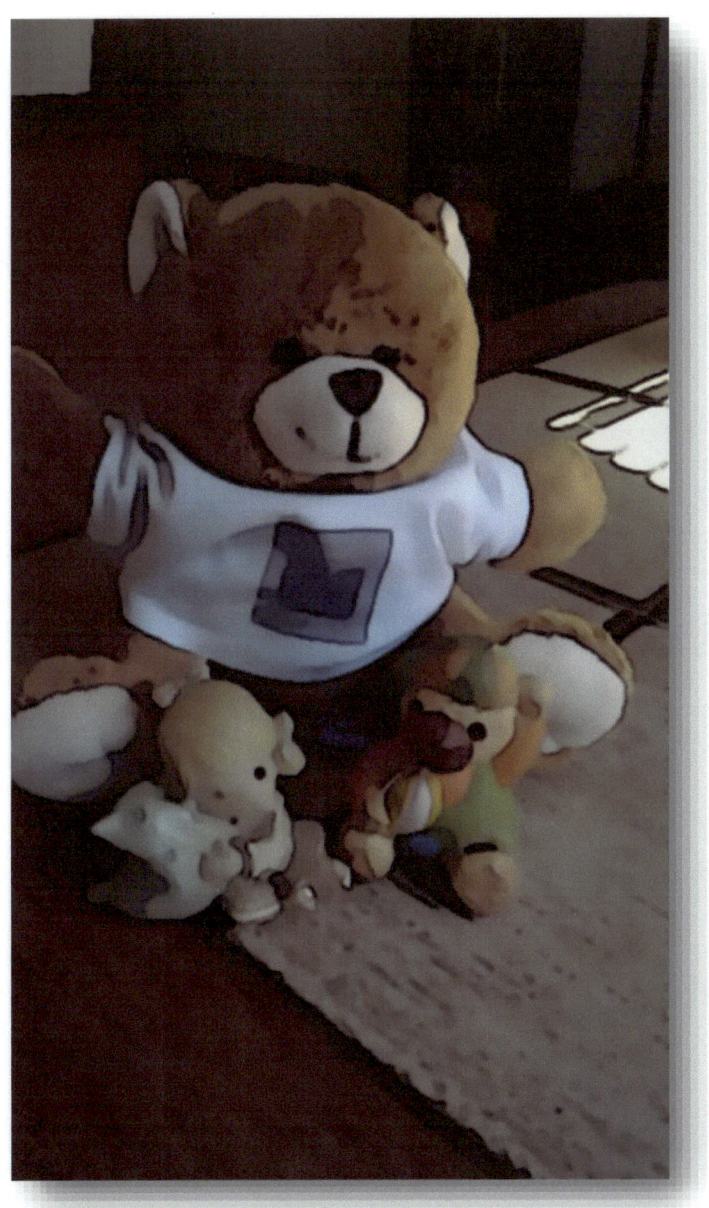

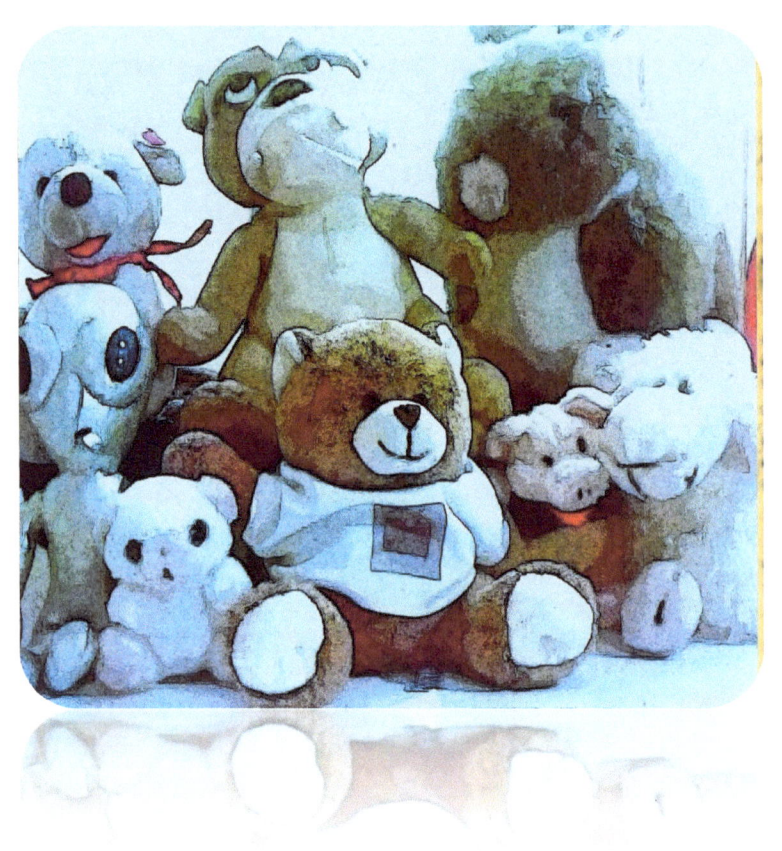

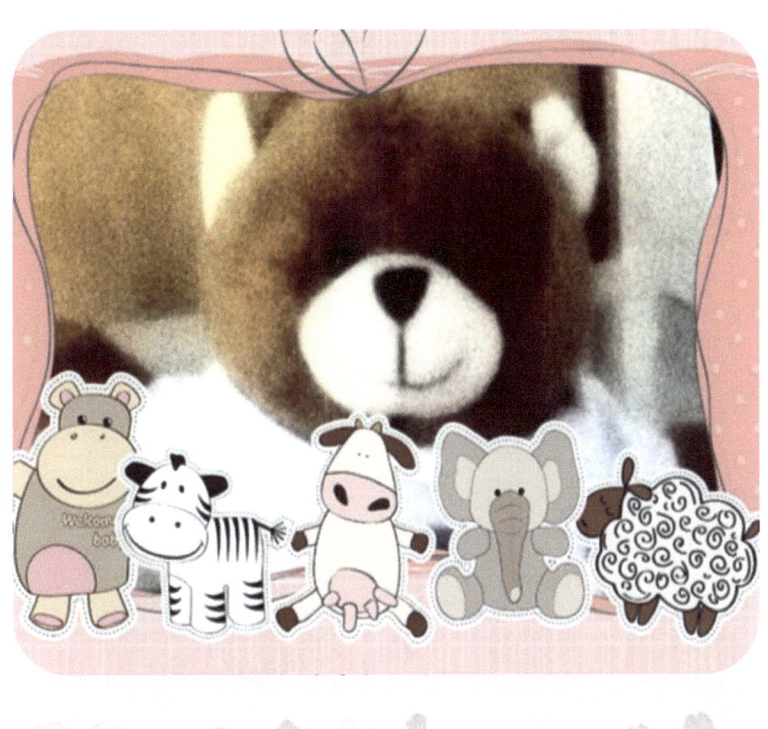

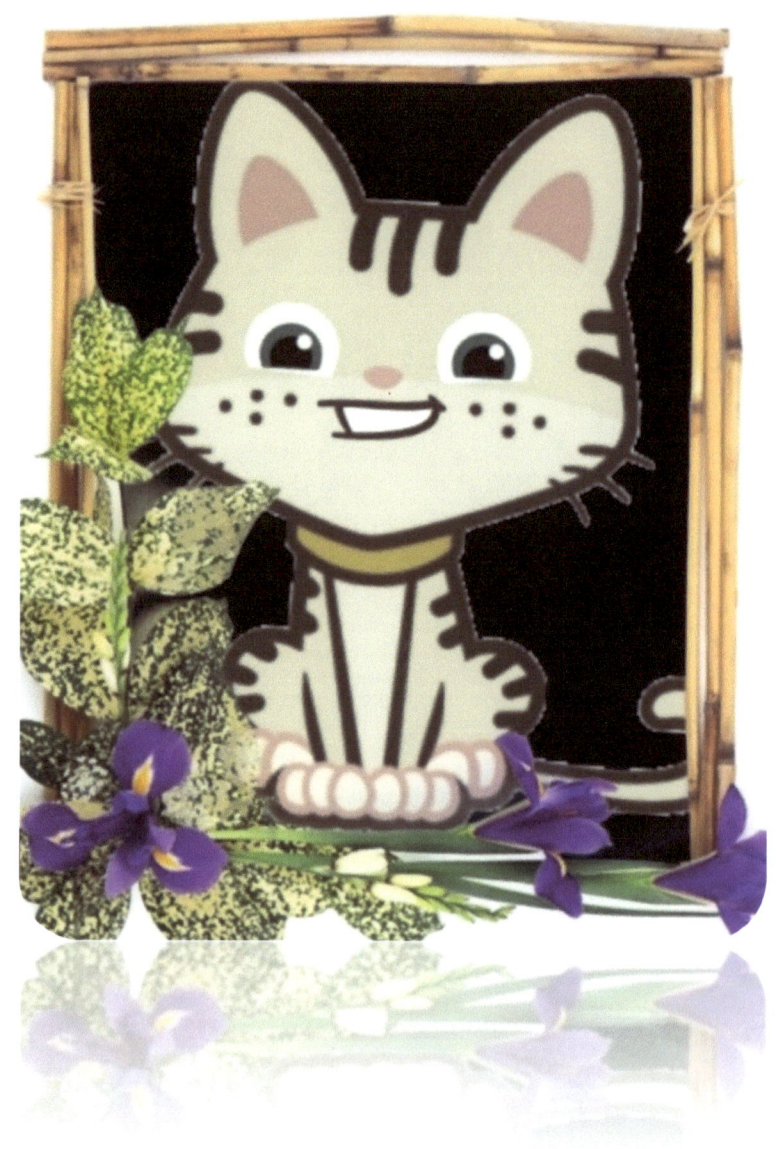

BESONDERS DANKE ICH MEINEM EHEMANN